8°V
38719

IL A ÉTÉ TIRÉ DE CET OUVRAGE :
10 EXEMPLAIRES SUR JAPON
-:- -:- HORS COMMERCE -:- -:-

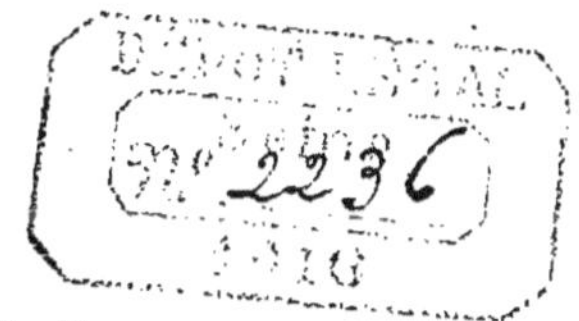

EXPOSITION

d'Œuvres d'Art Mutilées

ou provenant des régions dévastées

PAR L'ENNEMI

Organisée sous le Patronage du

SOUS-SECRÉTAIRE d'ÉTAT DES BEAUX-ARTS

par la

VILLE DE PARIS

sur

l'initiative du "JOURNAL"

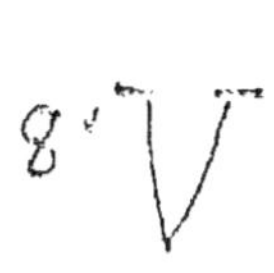

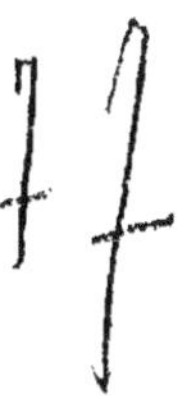

M. Marcel DELANNEY, Préfet de la Seine, a été saisi d'une demande du "*Journal*" tendant à ce qu'une partie des salles du Palais des Beaux-Arts soit affectée à une Exposition des objets d'art mutilés, provenant des régions dévastées par l'ennemi, et recueillis par ses soins. Cette Exposition serait organisée sous le patronage du Sous-Secrétaire d'Etat des Beaux-Arts, par la Ville de Paris.

M. le Préfet de la Seine a soumis cette proposition, avec avis favorable, à l'examen de la 4e Commission du Conseil Municipal [1] (Enseignement-Beaux-Arts), qui lui a donné son approbation dans la séance du 11 avril 1916.

Cette décision de la 4e Commission a été ratifiée par le Conseil Municipal, dans sa séance du 13 Novembre 1916.

M. FALCOU, Directeur des Beaux-Arts et des Musées de la Ville de Paris ;

M. Henry LAPAUZE, Conservateur du Palais des Beaux-Arts ;

M. Adrien FAUCHIER-MAGNAN, Attaché ;

ont été chargés de l'exécution de cette décision.

---

(1) La 4e Commission (Enseignement-Beaux-Arts) du Conseil Municipal est composée de MM. DEVILLE, Président ; BELLAN, CHAUSSE, vice-présidents ; ROLLIN, Secrétaire ; D'ANDIGNÉ, Frédéric BRUNET, César CAIRE, Paul FLEUROT, Henri GALLI, GAY, Marcel HABERT, LAMPUÉ, Alphonse LOYAU, DE PUYMAIGRE, RÉBEILLARD.

COMITÉ DE PATRONAGE :

MM.

LÉON BOURGEOIS, *ministre d'Etat, sénateur de la Marne ;* PAINLEVÉ, *ministre de l'instruction publique ;* DALIMIER, *sous-secrétaire d'Etat des Beaux-Arts ;* ANTONIN DUBOST, *président du Sénat ;* PAUL DESCHANEL, *président de la Chambre ;* CHARLES HUMBERT, *directeur du* Journal, *sénateur de la Meuse ;* MAURICE FAURE, *sénateur, rapporteur du budget des Beaux-Arts ;* SIMYAN, *député, rapporteur du budget des Beaux-Arts ;* A. MITHOUARD, *président du Conseil municipal ;* ARSÈNE ALEXANDRE, *inspecteur général des musées ;* BARTHOLOMÉ, *statuaire ;* BONNAT, *président des Amis du Louvre ;* DAGNAN-BOUVERET, *de l'Institut ;* la baronne de BAYE ; CAROLUS-DURAN, *de l'Institut ;* ENLART, *directeur du musée du Trocadéro ;* PAUL GINISTY, *inspecteur général des monuments historiques ;* GUIRAUD, *chef du cabinet du sous-secrétaire d'Etat des Beaux-Arts ;* HARAUCOURT, *conservateur du musée de Cluny ;* HOMOLLE, *de l'Institut ;* INJALBERT, *de l'Institut ;* HENRI LAVEDAN, *de l'Académie Française ;* ALEXIS LAUZE, *directeur général des services du* Journal ; HENRY MARCEL, *directeur des musées nationaux ; le maire de Reims,* Dr LENGLET ; *le maire de Dunkerque,* M. TERQUEM ; *le maire de Soissons,* M. MUZARD ; *le maire de Nancy,* M. SIMON ; *le maire d'Arras,* M. ROHART ; *le maire de Verdun,* M. REGNAUD ; MARQUESTE, *de l'Institut ;* ANDRÉ MICHEL, *conservateur au Louvre ;* général NIOX, *directeur du musée de l'Armée ;* PASCAL, *de l'Institut ;* HENRI DE RÉGNIER, *de l'Académie Française ;* JEAN RICHEPIN, *de l'Académie Française ;* ROLL, *président de la Société nationale ;* RODIN ; PAUL STECK, *sous-directeur de l'Ecole des arts décoratifs.*

Les objets destinés à être exposés ont été recueillis, sur les diverses parties du front, par M. Paul GINISTY, inspecteur général des Monuments historiques.

Le Comité tient à remercier pour l'aide prêtée à cette Exposition le Grand Quartier Général, qui a accordé les autorisations nécessaires et les facilités de transport des objets ; les Ministres de la Guerre et de l'Intérieur, le Sous-Secrétariat d'Etat des Beaux-Arts ; les Préfets et les Sous-Préfets des départements qui ont été envahis ; les Municipalités des villes qui ont souffert, et toutes les personnes auprès desquelles il a trouvé un obligeant concours.

AVANT-PROPOS

Sous le patronage du Sous-Secrétaire d'État des Beaux-Arts et organisée par la Ville de Paris, s'ouvre, sur l'initiative du JOURNAL, *l'Exposition d'œuvres d'art mutilées ou provenant des régions dévastées par l'ennemi.*

Pour la première fois, Paris a le témoignage direct, par de nobles choses de France blessées, de la fureur du vandalisme allemand. Leurs plaies permettent d'imaginer le décor de désolation d'où elles proviennent.

Elles disent, avec une tragique éloquence, les souffrances des pays qui furent envahis et le martyre des villes bombardées. Arrachées aux ruines d'édifices séculaires, elles attestent la folie de dévastation de ceux que l'Histoire flétrira du nom renouvelé de Barbares. Mais ce nom, ne l'ont-ils pas, dans leur aberration criminelle, revendiqué eux-mêmes ? « Si tous les monuments, tous les chefs-d'œuvre d'architecture allaient au diable, a dit le général Von Disfurth, cela nous serait parfaitement égal... On nous traite de barbares ? Qu'importe ? Nous en rions. Qu'on nous épargne ce bavardage oiseux, qu'on ne nous parle plus de la cathédrale de Reims, de toutes les églises, de tous les palais qui partageront son sort ! »

Nous avons estimé que la réunion d'objets précieux, dont leurs mutilations rendent la beauté plus émouvante, recueillis — quand il a été possible d'en trouver encore trace — dans les régions les plus éprouvées, constituerait une grande leçon. Ils évoquent les édifices détruits, les cités presque anéanties, les villages incendiés. Ils déposent contre des ravages inouïs, dont la plupart furent méthodiques. Et comment ne pas penser que la mort a passé partout où l'on a trouvé ces restes du patrimoine français ?

Ce que la Commission d'enquête a fait, pour les attentats contre les personnes, nous avons voulu le faire pour les attentats contre les œuvres d'art. Mais, si impressionnant que soit le spectacle de ces épaves illustres, on sent bien qu'elles ne représentent qu'une minime partie des désastres. Au moins, et c'est là qu'a été surtout le but cherché, porteront-elles impérieusement la pensée vers les monuments écroulés, vers les pays de France suppliciés, — des villes jadis prospères aux plus humbles communes — et la vision de ces grandes misères des contrées où a passé l'ennemi entretiendra-t-elle contre lui l'implacable haine nécessaire.

On trouvera dans cette Exposition quelques objets intacts, opportunément sauvés. Mais qu'on n'oublie pas — d'expressives images aideront d'ailleurs à s'en souvenir — qu'ils arrivent de points de notre territoire sur lesquels se sont étendus tous les maux de la guerre, telle que l'ont conçue et réalisée les Allemands.

De cette frénésie de destruction, cette Exposition doit aider à garder la mémoire.

DÉPARTEMENT DU NORD

DUNKERQUE

L'Eglise Saint-Eloi fut construite en 1440 ; le Beffroi actuel était son clocher.

Le chœur ayant été détruit par un incendie en 1558, l'Eglise fut reconstruite dans le style ogival tertiaire. La partie la plus voisine du clocher fut momentanément désaffectée et séparée de l'Eglise nouvelle par une muraille qui, en 1731, devint la façade principale.

L'Eglise a été atteinte, le 22 Juin 1915, par deux obus de 380 tombant dans les nefs, la chute causant des dégâts considérables.

Ces deux nefs sont presque totalement détruites ; la nef centrale a été atteinte, tous les vitraux défoncés.

Les grilles exposées sont celles de 1782.

Quant aux stalles, les miséricordes et les accoudoirs semblent ceux de 1558 et la partie de devant, une restauration de 1785.

1. Stalles (XVIe siècle) et diverses boiseries (XVIIIe siècle).

Eglise St-Eloi.

2. Deux balustrades en fer forgé (XVIIIe siècle).

Eglise St-Eloi.

3. Trois aquarelles représentant l'intérieur de l'Eglise Saint-Eloi, par M. A. Gysel.

DÉPARTEMENT DU PAS-DE-CALAIS

ARRAS

On peut dire de cette noble et grande ville, si riche en souvenirs d'art et d'histoire : ci-gît Arras.

Depuis le mois d'Octobre 1914, des bombardements incessants ont successivement détruit les monuments et les vieilles maisons caractéristiques, bouleversé ses rues, ses places à arcades où la plupart des anciens logis dataient de la Renaissance flamande.

Le désastre est partout. Les ruines d'Arras crieront, avec une tragique éloquence, contre la barbarie allemande.

La cathédrale, l'abbaye Saint-Vaast, où se trouvait le musée, la Préfecture, ancien palais épiscopal reconstruit en 1790, les églises ne sont plus que ruines.

Le célèbre Hôtel de Ville du XVIe siècle, qui était surmonté d'un beffroi de 75 mètres de hauteur, fut l'objet de l'acharnement de l'ennemi. Ce n'est plus qu'un amas de pierres.

Ce beffroi avait été terminé en 1554. Carré à sa base, il était soutenu par des contreforts géminés, s'élevant jusqu'à la première galerie qui soutenaient des clochetons rentrants. Chaque face était percée de deux baies ogivales. D'élégants clochetons aux crosses végétales se terminaient à la hauteur des premiers auvents. Le premier était coupé par trois galeries dont chaque partie octogone était rentrante ; entre la première et la seconde galerie se trouvait l'horloge. Ce majestueux édifice était terminé par une couronne de pierres. Il était surmonté par le Lion des armoiries d'Arras, s'appuyant sur un soleil servant de girouette.

On doit signaler, dans les tentatives de sauvetage de tout ce qui pouvait être arraché aux incendies et aux écroulements, les efforts de M. Victor Leroy, faisant les fonctions de conservateur du Musée, et ceux du peintre F. Sabatté.

4. Le « Lion d'Arras », en cuivre repoussé, placé au sommet du Beffroi.

Le Beffroi, haut de 75 mètres, commencé en 1464, ne fut achevé qu'un siècle plus tard ; il fut restauré en 1840. Le « Lion de Flandre », qui le dominait, s'appuyait sur une lance portant en pennon un soleil d'or ; il s'écroula pendant un des premiers bombardements.

5. Pierre sculptée représentant un trophée (XVIe siècle).

Beffroi de l'Hôtel de Ville.

6. Barres d'appui en fer forgé (XVIe siècle). Elles étaient placées dans une arcade de l'Hôtel de Ville vis-à-vis le corps de garde.

7. Statue tombale en marbre de Philippe de Caverel, 74e abbé de St-Vaast, mort évêque d'Arras en 1636.

Inscription sur marbre accompagnant la statue, l'une des rares pièces qui aient pu être retirées intactes de la Cathédrale.

8. Porte en bois (XVIIIe siècle).

Cathédrale.

9. Deux anges en bois peint en gris (XIXe siècle).

Cathédrale.

10. L' « Ange de l'Annonciation », bois peint, début du XIXe siècle.

Chœur de l'Eglise St-Nicolas.

11. Porte d'un confessionnal, bois sculpté, époque Louis XV.

Eglise St-Nicolas.

12. Ange en bois peint et doré (XVIIIe siècle).

Eglise St-Géry.

13. Partie des boiseries du Réfectoire des moines de Saint-Vaast (XVIIIe siècle).

L'immense réfectoire des moines était garni de 50 mètres de boiseries semblables ; elles furent brûlées en mars 1916.

Les deux pièces exposées, qui étaient protégées par un pilier, sont les seuls vestiges de cet ensemble.

Palais St-Vaast.

14. Fragment de chapiteau, granit (fin du XIIe siècle).

Palais St-Vaast.

15. Deux fragments de chapiteaux, pierre.

Palais St-Vaast.

16. Masque de femme, pierre ; trouvé dans les décombres du Musée (XIIIe siècle).

Palais St-Vaast.

17. Chimère, pierre (XVIe siècle).

Palais St-Vaast.

18. Tête de Christ, en pierre, trouvée dans les décombres du Musée (XIVe siècle).

Palais St-Vaast.

19. Clef de voûte (au centre la tête du Christ). Grès.

Palais St-Vaast.

20. Statue d'un Évêque. Pierre (vers 1500).

Palais St-Vaast.

21. Pierre tombale de Pierre Sarrazin, 73e abbé de Saint-Vaast, mort archevêque de Cambrai en 1598.

Palais St-Vaast.

22. Bénitier en forme de conque. Pierre.

Palais St-Vaast.

23. Six fragments pierres sculptées. Retirés des décombres du Beffroi. (XVIe siècle).

Hôtel-de-Ville.

24. Statue d'un personnage debout (la figure et les bras manquent). Pierre (XVIe siècle).

Palais St-Vaast.

25. Claveau de fenêtre sculpté, retiré des décombres du Musée (XVIe siècle).

Palais St-Vaast.

26. Armoiries. Pierre tendre (XVIe siècle).

Palais St-Vaast.

27. Bas-relief, provenant d'un tombeau et figurant un squelette couché. (Fin du XVIe siècle.)

Palais St-Vaast.

28. Buste d'un personnage de l'époque Louis XIV, brisé en plusieurs morceaux. Marbre.

Palais St-Vaast.

29. Buste de Napoléon Ier, marbre, par Chaudet ; (brisé dans l'incendie).

Palais St-Vaast.

30. Buste du Général Decroix. Bronze.

Palais St-Vaast.

31. Bandeau de cheminée, pierre de Tournai. (Fin du XVIe siècle).

Palais St Vaast.

32. Bandeau de cheminée. Bois sculpté (XVIe siècle).

Palais St-Vaast.

33. Panneau sculpté et peint représentant « La Cène ». Bois (XVIIIe siècle).

Palais St-Vaast.

34. Coffre de fer retiré des décombres du Musée. (XVe siècle).

Palais St-Vaast.

35. Fragments de rampes en fer forgé provenant des escaliers du Palais St-Vaast. (XVIIIe siècle).

36. Rampe d'escalier. Fer forgé (XVIIIe siècle).

Palais St-Vaast.

37. Six fragments de motifs en fer forgé (XVIIIe siècle).

Palais St-Vaast.

38. Taque de cheminée aux armes de la famille d'Orléans, datée 1701.

Palais St-Vaast.

39. Deux appliques, provenant d'un secrétaire Empire. Bronze.

Palais St-Vaast.

40. Trois fragments de meubles. Bronze.

Palais St-Vaast.

41. Mouvement d'horloge, retiré des décombres du Musée.

Palais St-Vaast.

42. Christ en ivoire, mutilé par un éclat d'obus (XVIIe siècle).

(Appartient à M. Le Gentil, d'Arras).

43. Christ en bronze, sur une croix d'ébène (la poitrine est traversée par un éclat d'obus) (XVIIe siècle).

(Appartient à M. Le Gentil, d'Arras).

44. Quatre débris de porcelaine polychrome. Pâte tendre d'Arras (XVIIIe siècle).

Palais St-Vaast.

45. Débris de porcelaine à décor bleu, dont l'un porte les armoiries de M. de Calonne, protecteur de l'industrie de la pâte tendre d'Arras (XVIIIe siècle).

Palais St-Vaast.

46. Deux volumes, troués par un obus : *Les Rues d'Arras*, par ACHMET D'HÉRICOURT et ALEXANDRE GODIN. Arras : Typographie Brissy, 1856.

Bibliothèque municipale.

47. Tapisserie Verdure (XVIIIe siècle).

Retirée d'une maison pendant le bombardement.

Appartenant à M. T. Griffiths.

47a Portes en fer forgé (XVIIIe siècle).

Palais St-Vaast.

CARENCY

Les Allemands avaient organisé une formidable forteresse sur les hauteurs et les alentours de Notre-Dame-de-Lorette. Dans la bataille qui dura du 9 au 22 Mai 1915, cette forteresse fut emportée au prix d'admirables dépenses d'héroïsme. Il fallut quatre jours pour enlever Carency et ses fameux « ouvrages blancs ».

48. La cloche de l'église.

Elle porte l'inscription : « Parrain : Louis Ernest Gabriel, Prince de Montmorency. Marraine : Marie Thérèse de Montmorency, Comtesse de Nancre. J'appartiens à l'église de Carency, l'an 1749. »

RICHEBOURG

49. Vue de l'église, peinture à l'huile, par Paul Sarrut.
Bataille d'Artois, Décembre 1914.

50. Vue de l'église, dessin à la plume, par Paul Sarrut.
Bataille d'Artois, Décembre 1914.

VERMELLES

Les ruines de Vermelles, qui était un gros village à dix kilomètres de Béthune, sont impressionnantes ; elles évoquent la lutte maison par maison. Après la prise du village, il restait à conquérir le château Wattebled et son parc, fortement organisés par les Allemands. Le 1er Décembre 1914, cette opération était brillamment menée par nos troupes. Après l'explosion provoquée des mines du parc, une compagnie d'infanterie et trente goumiers se précipitaient à travers les brèches et envahissaient le château, surprenant l'ennemi et commençant ainsi l'action.

51. Eglise de Vermelles. Aquarelle, par Paul Sarrut.

52. Intérieur de l'église. Lavis à la terre de Sienne brûlée, par Paul Sarrut.

53. Ruines du village ; au fond, à droite, l'Eglise. Aquarelle, par Paul Sarrut.

54. Vieille ferme en ruines, près de Vermelles, où sont cantonnés des « Gourkas ». Dessin à la plume et sépia, par Paul Sarrut.

DÉPARTEMENT DE LA SOMME

ALBERT

Une légende rapporte que des brebis, grattant le sol, firent découvrir une statue de la vierge enterrée là. Ce fût l'origine de la chapelle de Notre-Dame-Brébière, remplacée par une basilique moderne, surmontée d'une vierge dorée. On sait que cette vierge, sans se détacher de la tour qu'elle surmontait, s'est inclinée peu à peu jusqu'à prendre une position horizontale.

La basilique a été ravagée. Elle contenait à l'intérieur, une grande vierge, œuvre du statuaire Delaplanche, qui a été brisée.

Albert, qui fut occupé par les Allemands pendant dix-huit jours, a été fréquemment bombardé.

55. Fragments de la tête de la Vierge monumentale en marbre, par Delaplanche, et deux têtes de brebis provenant du même monument (XIXe siècle).

Intérieur de la Basilique.

56. Chapiteau de style roman.

Intérieur de la Basilique.

CONTALMAISON

57. Christ en bois sculpté trouvé sur l'emplacement de l'église de ce village reconquis pendant l'offensive anglaise de 1916.

CURLU

Le village de Curlu a été reconquis, après une lutte violente, au cours de Septembre, pendant l'offensive française de 1916.

L'église présente un tel amas de décombres que, pour y pénétrer, on se trouve à la hauteur des fenêtres. La plupart des œuvres d'art que contenait cette église ont été écrasées par la chute des voûtes.

58. Statues, fragments de statues, consoles, inscriptions, panneaux.

Eglise.

FEUILLÈRES

59. Statue de Vierge, bois sculpté trouvée dans l'église dévastée de ce village reconquis en juillet 1916. (XVIIe siècle).

HARDECOURT-AUX-BOIS

60. Fragment et battant de la cloche de l'église, seuls vestiges de ce que fut ce village autour duquel pendant l'offensive française de 1916, s'engagea une lutte acharnée.

TILLOLOY

L'église fut bâtie en 1535 par Antoinette de Rasse, dame de Tilloloy, et par son fils François de Soyecourt. Ils avaient construit en même temps et dans le même style un château qui lui était contigu.

Rasé en 1636, il fut reconstruit par Maximilien, marquis de Soyecourt, et son fils le grand veneur de France. Ce château, un des plus beaux de France, a été bombardé et incendié par les Allemands le 2 octobre 1914. Il en a été de même de la magnifique chapelle Renaissance.

61. Statue agenouillée de Françoise de Soyecourt. Pierre (XVIe siècle).

62. Statue agenouillée de Ponthus de Belleforrière. Pierre (XVIe siècle).

63. Statue agenouillée de Maximilien de Soyecourt. Pierre (XVIe siècle).

64. Statue agenouillée de Charles de Soyecourt. Pierre (XVIe siècle).

65. Statue agenouillée d'Abdias de Soyecourt. Pierre (XVIe siècle).

Chapelle.

66. Clefs de voûte en pierre sculptée (XVIe siècle).

Chapelle.

67. Ecussons de la famille de Soyecourt et des familles qui lui furent alliées. Bois peint et doré (XVIe siècle).

Chapelle.

68. Table de communion. Bois sculpté (XVIe siècle).

Chapelle.

69. Fragments de la rampe en fer forgé de l'escalier d'honneur (XVIII[e] siècle).

Château.

70. Trois plaques de cheminées armoriées (XVII[e] siècle).

Château.

71. Bannière de la Société des Archers de Tilloloy. XIX[e] siècle.

71[a] Pierre tombale de François de Soyecourt. Pierre (XVI[e] siècle).

Chapelle.

71[b] Pierre tombale de Charlotte de Mailly. Pierre. (XVI[e] siècle).

Chapelle.

71[c] Fragment du buste de Maximilien-Antoine de Soyecourt, Grand Veneur de France. Marbre. (XVII[e] siècle).

Escalier d'honneur du Château.

DÉPARTEMENT DE L'AISNE

BERRY-AU-BAC

72. « La Nativité ». Peinture. (XVII[e] siècle).

Eglise.

SOISSONS

Soissons a été occupé par l'ennemi le 1er septembre 1914 et repris le 12. A deux heures de l'après-midi, on voyait apparaître une quinzaine de chasseurs à cheval français se dirigeant vers Villeneuve et vers Vénizel; ils étaient suivis de régiments de zouaves et de tirailleurs algériens et marocains qui avaient fait près de quatre-vingts kilomètres en deux jours, après avoir balayé toutes les troupes ennemies.

Malheureusement les Allemands s'étaient, dans leur retraite, ménagé de très fortes positions, et Soissons restait sous leur feu. Il n'est pas une rue, on pourrait dire, il n'est pas une maison qui n'ait été durement éprouvée.

La tour de la cathédrale, de 66 mètres de haut, a été criblée de projectiles dans les bombardements incessants qui ont ravagé la ville, une de celles dont les souffrances ont été les plus longues. La voûte a été crevée. Des piliers se sont effondrés. La chapelle des Œuvres a été entièrement détruite.

73. « L'Adoration des Bergers », par P. P. Rubens (1577-1640). (Depuis Septembre 1914, le tableau a été restauré sous la direction des Musées Nationaux).

*Cathédrale St-Gervais et St-Protais (*XIIe et XIIIe *siècles).*

74. La Légende de Saint-Gervais et de Saint-Protais, tapisserie de la fin du XVe siècle. (Elle a été restaurée depuis 1914 par la Manufacture Nationale des Gobelins.)

Cathédrale.

75. Gargouille en pierre (XIIIe siècle).

Cathédrale.

76. Gargouille en pierre (XIVe siècle).

Cathédrale.

76^{a} Trois fragments de vitraux, provenant des fenêtres hautes du chœur (1re moitié du XIIIe siècle).

Cathédrale.

77. Saint-Pierre (XIIIe siècle).

Portail de l'Abbaye St-Jean-des-Vignes.

L'Abbaye Saint-Jean des Vignes (XIIIe siècle) avait gardé sa façade, surmontée de deux belles tours à flèches avec quelques restes de son cloître.

Cette ruine a été violemment bombardée. La flèche d'une des tours a été atteinte. Des obus ont creusé de larges plaies dans les tours, et causé d'irréparables dommages dans la façade.

78. Vantail de porte et divers fragments de boiseries. Epoque Louis XV.

Chapelle de l'ancien grand Séminaire.

79. Bureau, époque Louis XV. C'est sur ce bureau qui était celui du Maire de Soissons, M. Muzard, que furent écrites toutes les réquisitions imposées à la ville par le général von Kluck, pendant son passage à Soissons.

Hôtel de Ville.

80. Manuscrit trouvé à Soissons en mars 1915 dans les balayures d'un cantonnement militaire, chez M. Cossin, fabricant de limes, boulevard de Reims (XIVe siècle).

Recueilli par M. A. Boissier.

VIC-SUR-AISNE

Le Château de Vic-sur-Aisne s'élève sur une hauteur dominant la vallée de l'Aisne entre Compiègne et Soissons. Il se composait de deux parties, un donjon féodal du XIIIe siècle et une importante construction du XVIIe siècle, devant laquelle s'étend un vaste parc dessiné à la française par Lenôtre.

Lorsque, le 31 Août 1914, les Allemands pénétrèrent à Vic-sur-Aisne, la ferme attitude du vicomte de Reiset préserva le château et le bourg de l'incendie ; mais, lorsque la bataille de la Marne eut forcé l'ennemi à la retraite, les Allemands installés dans les carrières de l'Aisne, bombardèrent Vic-sur-Aisne. Le château a reçu cinq cents obus. Les murs ont été éventrés, les toitures arrachées et le parc a été labouré par les projectiles.

C'est dans le château du vicomte de Reiset que fut blessé, le 7 octobre 1914, le général Villaret, qui s'était installé dans la grande salle du premier étage.

Les statues de Coysevox et de Coustou n'ont malheureusement pas été épargnées. (Bombardement d'avril 1915).

81. Actéon, terre cuite par Coustou (XVIIIe siècle).

Parc du Château.

82. Le dieu Pan, jouant de la flûte, statue en terre cuite, par Coysevox (XVIIIe siècle).

Parc du Château.

83. Hamadryade, terre cuite, par Coysevox (XVIIIe siècle).

Parc du Château.

84. Deux Sphinx, terre cuite par Coysevox (XVIIIe siècle).

Parc du Château.

DÉPARTEMENT DE L'OISE

BARON *(près Nanteuil-le-Haudoin)*

L'ennemi traversa le village de Baron le 2 Septembre 1914. Ce ne fut que deux jours après leur arrivée que les Allemands s'avisèrent d'aller piller le Manoir des Fontaines, résidence du compositeur Albéric Magnard.

Les pillards trouvèrent la porte close et les volets fermés. Le beau-fils de l'artiste fut, dans le parc, appréhendé par les Allemands et attaché à un arbre. Il est probable qu'Albéric Magnard aperçut ce spectacle ; il entr'ouvrit un volet et tira dans le tas. La bande, dont deux hommes avaient été atteints, répondit par des salves de mousqueterie. L'auteur de *Guercœur* et de *Bérénice* n'était plus. Il ne restait qu'à piller et à incendier sa demeure.

Les restes d'Albéric Magnard, retrouvés sous les décombres, ont été enterrés dans le parc du Manoir, qui, par la volonté de sa veuve, demeurera dans l'état où le réduisit la barbarie allemande.

85 Vitrine contenant des objets d'art retirés des décombres de la maison d'Albéric Magnard (argenterie, porcelaines, montre, monnaies, etc.).

Appartient à Mme Albéric Magnard.

86. Statuette de Baigneuse en terre cuite, attribuée à Falconet ; trouvée dans les décombres de la maison. (XVIIIe siècle).

Appartient à Mme Albéric Magnard.

CAMBRONNE

87. Saint-Christophe, statue en bois, de style flamand. (XVIe siècle).

Eglise.

CONCHY-LES-POTS

88. Vitraux de l'Eglise Saint-Nicaise (XVIe siècle).

   a) A gauche : « Le Calvaire »; au bas : le portrait du donateur de cette verrière; à droite : « La Vie de Saint-Jean-Baptiste ».

   b) « L'Arbre de Jessé ». Vitraux reconstitués par M. André Lion.

89. Saint-Nicaise. Bois peint.

Eglise.

ÉTAVIGNY (*près Senlis*)

Le village d'Etavigny se trouva pris, pendant la Marne, entre les feux de Nogent et de Vincy ; il fut presque entièrement détruit.

De l'église il ne reste que des murs ébréchés et un amas de décombres informes.

90. « Donatrice ». Bois peint, fin du XVIe siècle.

Eglise.

Cette statue a été recueillie par M. Charbonnier, Sous-Préfet de Senlis.

TRACY-LE-MONT

91. Statue d'un Evêque. Bois (XVIe siècle.)

Eglise.

DÉPARTEMENT DE LA MARNE

BAYE

92. Série de photographies relatives au pillage du château de Baye. Les noms des officiers qui y présidèrent, y compris une Altesse impériale, avaient été inscrits par les fourriers sur les portes des chambres.

(*Photographies communiquées par Mme la baronne de Baye*).

BÉTHENY

Le village de Bétheny, à l'extrémité des lignes françaises, est en ruines. L'Eglise, qui datait du XIIIe siècle, mais avait été restaurée, n'a plus que quelques pans de murs.

La colonne qui rappelle la revue mémorable passée par l'empereur de Russie en 1901 est restée intacte.

93. Fragments de la Chaire.

Eglise.

94. Fragments d'une statue en pierre de Saint-Sébastien (XIXe siècle).

Eglise.

CAUROY

C'est à l'église de Trigny que furent transportés un certain nombre d'objets d'art provenant des églises plus particulièrement menacées de la région, Cormicy, Hermonville, et, notamment Cauroy.

95. Sainte-Anne, pierre peinte, (XVIIIe siècle).

Eglise.

96. Quatre statuettes d'anges, en bois peint (XVIIe siècle).

Eglise.

97. Fronton du maître-autel, demeuré suspendu dans le vide après le bombardement.

Eglise.

98. Saint-Fiacre, plâtre peint, (XVIIIe siècle).

Eglise.

99. Deux anges, bois peint (XVIIe siècle).

Eglise.

100. Coq du clocher, en tôle dorée.

Eglise.

101. Boîte contenant les Saintes-Huiles.

Eglise.

ESTERNAY (Château d')

Les Allemands occupèrent Esternay le 5 Septembre 1914. Le château qui, pendant la bataille, devait être atteint par les obus, fut saccagé par eux. Ils jetèrent des meubles précieux dans les douves.

Le château d'Esternay a été construit par les frères Raguier qui, sans doute, employèrent des artistes ayant travaillé à Blois, à Chambord et aux châteaux de la Loire.

Il eut pour possesseurs successifs le maréchal Fabert qui le laissa à sa fille, la marquise de Caylus, le marquis de Lambert, Saint-Martial, baron d'Aurillac, la famille de La Roche-Lambert.

Napoléon y coucha, pendant la campagne de 1814, avant la bataille de Craonne. Il fut alors pillé par les Prussiens qui n'y laissèrent ni meubles, ni portes, ni fenêtres.

En 1914, le général Franchet d'Espérey y établit un moment son quartier général.

Esternay fut repris au début de l'offensive de la bataille de la Marne.

102. Fragments d'une commode, époque Louis XVI, détruite par les Allemands pendant leur séjour au château.

Appartient à M. le Marquis de Laroche-Lambert.

103. Tablette en acajou d'un secrétaire forcé par les Allemands.

Appartient à M. le Marquis de Laroche-Lambert.

104. Pendule-applique, écaille et bronze. Epoque Louis XIV.

Appartient à M. le Marquis de Laroche-Lambert.

105. Fragments d'un meuble en laque, fracturé.

Appartient à M. le Marquis de Laroche-Lambert.

106. Débris d'un guéridon orné de bronzes dorés (XVIIIe siècle).

Appartient à M. le Marquis de Laroche-Lambert.

107. Carcasse d'un paravent (XVIIIe siècle).

Appartient à M. le Marquis de Laroche-Lambert.

108. Portrait du Comte de Laroche-Lambert, par Armand, 1913, lacéré par les baïonnettes allemandes.

Appartient à M. le Marquis de Laroche-Lambert.

ÉTREPY

Le Château, très ancien, reconstruit au XVIIe siècle, riche de souvenirs historiques, aujourd'hui propriété de Mme la Comtesse Morillot, fut brûlé le 12 Septembre 1914 par les troupes wurtembergeoises, commandées par le prince de Hesse-Nassau. Il n'en reste que quelques pans de murs.

109. Deux lions ornant la grille d'entrée du château. (XVIIe siècle).

110. Missel, troué par les obus.

Eglise.

111. Poignées et entrée de serrure provenant d'une commode du XVIIIe siècle signée Jacob.

Château.

112. Médaillon de Henri IV, en bronze, portant les traces de l'incendie (XVIIe siècle).

Château.

HERMONVILLE

113. Grand chandelier. Bois sculpté (XVIIIe siècle).

Eglise.

114. Paire de consoles. Bois sculpté et doré (XVIIIe siècle).

Eglise.

GOURGANÇON

115. Statue d'un évêque, en bois peint, (XVIIe siècle).

HUIRON

L'Eglise d'Huiron était le dernier vestige d'une ancienne abbaye reconstruite au début du XVIe siècle. Bombardée et incendiée pendant la bataille de la Marne, les voûtes s'écroulèrent en 1915. La statue calcinée, qui provient de cette église, dit avec une tragique éloquence la violence du feu.

Cette statue fut recueillie par M. l'abbé Hurault, vicaire général du diocèse de Châlons.

116. Statue d'un Saint, presque entièrement carbonisée.

Eglise.

117. Fragments de la chaire de l'Eglise (XVIIIe siècle).

Eglise.

HURLUS

118. Statue de Sainte Barbe, bois polychrome (XVIe siècle).

Eglise.

119. Vierge au Calvaire, bois peint (1re moitié du XVIe siècle).

Eglise.

120. Vierge, bois sculpté. (Commencement du XVIe siècle).

Eglise.

MAURUPT

Le village de Maurupt fut détruit pendant la bataille de la Marne. Il dut être repris plusieurs fois avant d'appartenir définitivement aux troupes françaises.

121. Calice en argent, percé de balles.

Eglise.

MERFY

122. Stalle gothique (XVe siècle).

Presbytère.

MESNIL-LES-HURLUS

Le nom de ce village évoque la bataille d'hiver de Champagne de 1915. L'enlèvement des crêtes au nord de Mesnil, suivi de la prise d'assaut du fortin de Beauséjour et de celle du Bois-Sabot, en est un des plus beaux épisodes.

Le célèbre retable de Mesnil-les-Hurlus, ayant heureusement peu souffert, fut sauvé par des soldats.

123. Grand retable, représentant cinq scènes de la Passion. Au centre : « Le Christ en croix entre les deux larrons » ; à gauche : « La Flagellation et le Portement de croix » ; à droite : le « Christ descendu de la croix et la Résurrection ». Bois sculpté. (Fin du XVe siècle).

Chœur de l'Eglise.

LA NEUVILLE-AU-PONT

La belle église gothique, avec détails de la Renaissance, de La Neuville-au-Pont a été atteinte, dans sa partie ouest par plusieurs obus qui ont crevé la voûte et détruit de précieux motifs d'architecture.

La Vierge qui est exposée ornait le trumeau de la porte de la façade. Elle est classée.

Les autres statues, dont celle de Sainte Menehould, proviennent également de cette église, l'une des plus remarquables de l'Argonne.

124. Sainte Menehould. Bois sculpté (XVIIe siècle).

Eglise.

125. Vierge et Enfant Jésus. Bois (XVIe siècle).

Eglise.

NORMÉE

Un des villages qui ont le plus souffert pendant la bataille de la Marne.

126. Fragment d'un vitrail, restauré depuis septembre 1914, par M. Socard (XIIe siècle).

a) A gauche, Adam et Eve, après leur exil du paradis terrestre, condamnés aux travaux manuels.

b) A droite, Caïn et Abel présentent leurs offrandes au Seigneur, qui agrée celle d'Abel.

Eglise.

POUILLON *(près Reims)*

127. Console. (Epoque Louis XV).

Eglise.

REIMS

Reims ! le martyre de la ville illustre ! Est-ce en quelques lignes qu'on peut évoquer cette dévastation dont se glorifièrent les Allemands, qu'ils célèbrèrent, même. Dans le *Berliner Lokal-Anzeiger* du 1er Janvier 1915, un certain Rudolf Herzog exaltait la destruction de la cathédrale : « Les cloches ne sonnent plus dans le dôme aux deux tours... Finie la bénédiction... Nous avons fermé avec du plomb, ô Reims, ta maison d'idolâtrie ! »

Le 3 Septembre au soir, les premiers Allemands faisaient leur entrée dans Reims et l'intendant Zimmer procédait à ses réquisitions. Le 4, au matin, la ville était bombardée, pendant trois quarts d'heure, les obus s'abattant principalement sur les quartiers compris entre la cathédrale et la porte de Paris. Ce bombardement, qui avait fait cinquante victimes, avait été réglé un peu prématurément, avant l'entrée de parade des envahisseurs.

Ils restèrent jusqu'au 12 Septembre, obligés à l'abandon de la ville par suite de la victoire de la Marne. Reims connaissait la joie de la libération, mais c'étaient ses plus grandes épreuves qui allaient commencer.

Dès le 13, l'ouragan de fer et de feu s'abattit sur la ville. Le 19, au milieu des ruines qui s'accumulaient, les obus incendiaires mettaient le feu à la cathédrale, devenant une fournaise, et transformaient l'archevêché en un vaste brasier. Tous les quartiers étaient atteints, d'ailleurs, et l'ennemi avait soin de supprimer, dans les rues industrielles, les fabriques et usines.

Le 30 Septembre, une commission officielle, présidée par M. Dalimier, sous-secrétaire d'Etat des Beaux-Arts, venait se rendre compte de l'état de la cathédrale après ce cataclysme. Elle constatait la destruction totale de sa toiture et du beau clocher de l'Ange, les graves dommages causés à la tour du Nord, la pulvérisation des vitraux, la carbonisation des boiseries, les plaies reçues par tout le corps de la cathédrale, arcs-boutants entamés, colonnettes fracturées, contreforts labourés de trous, la destruction de la plupart des précieuses sculptures du portail. « En résumé, disait ce rapport, la cathédrale est défigurée dans ses lignes et dans les détails de sa décoration. Si sa construction puissante a résisté, en partie, au choc des projectiles, on ne refera jamais ses admirables sculptures et elle portera les traces d'un vandalisme qui dépasse l'imagination. »

Depuis ces jours tragiques, combien d'autres bombardements continuant l'œuvre de dévastation des premiers obus, combien de victimes, combien de pertes ! C'est une partie de l'abside de la vieille église romane Saint-Remi qui a été gravement atteinte ; c'est la destruction presque complète de l'hôpital installé dans l'ancienne abbaye de Saint-Remi ; c'est l'achèvement du massacre de la place Royale, d'une si belle ordonnance ; c'est l'incendie total du théâtre ; c'est la disparition de tant de maisons intéressantes et des faubourgs où régnait naguère l'activité d'industries prospères. De tous les côtés, ce ne sont que ruines.

On ne pouvait exposer, parmi ces nobles débris de la cathédrale les figures mutilées de la Reine de Saba et de l'Ange de Saint-Nicaise : la pierre, trop friable, n'eut pas permis leur transport.

128. Deux tapisseries de l'*Histoire du Roy Clovis*, tissées vers le milieu du XVe siècle pour Charles le Téméraire et données à la cathédrale en 1573, par le cardinal de Lorraine, archevêque de Reims.

Cathédrale.

129. Quatorze tapisseries de la suite de l'*Histoire de la Vierge*, offerte à la Cathédrale par l'archevêque Robert de Lenoncourt entre 1509 et 1530 (Ateliers flamands, début du XVIe siècle).

(Elles garnissaient les bas-côtés de la nef de la Cathédrale).

130. Deux tapisseries, *Jésus au millieu des docteurs*, et les *Noces de Cana* tissées dans les ateliers rémois de Pepersack (XVIIe siècle).

N'ayant pas trouvé place sur les murs de la grande salle de l'Archevêché qu'elles étaient destinées à décorer, elles avaient été affectées à la cathédrale. Les quinze autres furent brûlées.

131. David. Tête provenant d'une des voussures de droite de l'Arc ogival de la grande rose de la facade occidentale (XIVe siècle).

132. Tête d'une des statues des niches à personnages en haut relief décorant le parement intérieur des grands portails (fin XIIIe siècle).

133. Tête d'une des statues des niches à personnages en haut relief décorant le parement intérieur des grands portails, côté nord (fin XIIIe siècle).

Reconstituée avec les fragments recueillis dans les décombres de l'incendie.

134. Mains provenant de la même décoration des revers des grands portails.

135. Tête provenant d'une des voussures des archivoltes du grand portail (fin XIIIe siècle).

Cette tête est une de celles qui ont été recueillies immédiatement après l'incendie par feu l'abbé Thinot, maître de chapelle de la cathédrale.

136. Tête provenant probablement des mêmes voussures, mais non encore identifiée. Restituée à l'architecte en mai 1915 par la personne qui l'avait recueillie.

137. Statuette d'un des piédroits des portes du grand portail de la façade occidentale (fin XIIIe siècle).

138. Groupe de chapiteaux des colonnettes rayonnantes de la grande rose de la façade occidentale (XIVe siècle).

139. Fragment d'un des petits chapiteaux de colonnettes du meneau secondaire de la même rose.

140. Claveau orné de l'oculus de la grande rose. On y voit l'amorce brisée d'une base d'une des colonnettes rayonnantes (XIVe siècle).

141. Deux gros crochets provenant de la corniche, dite « Frise riche », située près la galerie des rois.

142. Fleuron d'un petit gable ornant le socle d'une statue de la galerie des rois. Tour Nord.

143. Main, non identifiée, provenant probablement d'une des grandes statues qui ornent la face des contreforts.

144. Crochet des chapitaux des colonnes d'un contrefort du transept. (XIIIe siècle).

145. Fragments de chapiteau d'une colonne d'un contrefort de la Tour Nord (XIVe siècle).

146. Six crochets ornant une des arêtes des obélisques de couronnement des grands contreforts.

147. Dais de couronnement d'une des statues des voussures de la porte Nord du grand portail.

148. Ange en cuivre, formant girouette du clocher à l'Ange. (Chaudronnerie du XVe siècle)

149. Deux assises de chapiteaux (intérieur et extérieur) du meneau d'une fenêtre de la troisième chapelle absidale, côté sud, bombardée en 1916.

150. Larme de plomb, provenant des toitures de la cathédrale, fondues par l'incendie des combles.

Toutes ces pièces proviennent de la Cathédrale.

150a Fragments d'une cloche fondue dans l'incendie des toitures.

Cathédrale.

151. Vue de l'extrémité du collatéral Nord, montrant la décoration en haut relief du revers du portail, calciné par l'incendie de la porte et du grand tambour de menuiserie.

Aquarelle par M. Max Sainsaulieu, architecte du Gouvernement à Reims (Février 1915).

152. Deux chapiteaux de pilastres, seuls restes de la grande boiserie de l'époque Louis XVI, qui décorait l'ancienne bibliothèque de l'abbaye de Saint-Rémi, plus récemment, chapelle de l'hôpital.

Cette somptueuse décoration a été complètement anéantie, avec une grande partie des bâtiments de l'ancienne abbaye, par les obus incendiaires du 13 août 1916.

PHOTO LÉVY FILS & Cie, PARIS

Le lion d'Arras qui surmontait le Beffroi de la ville.

PHOTO LÉVY FILS & Cie, PARIS

Retable de Mesnil-les-Hurlus (Marne). Fin du xve siècle.

PHOTO LÉVY FILS & Cie, PARIS

Boiseries du Chœur de la Cathédrale de Verdun, par Lacour, de Toul (1760).

PHOTO LÉVY FILS & Cie, PARIS

Piéta en pierre peinte, Eglise de Souain (Marne), XVIe siècle.

153. Diverses pièces d'argenterie fondues ou déformées qui se trouvaient dans un coffre-fort éventré par les obus.

Appartiennent à Mme Préaux.

154. Jeanne d'Arc. Statuette en bronze, par Prosper d'Epinay.

Incendiée dans la Maison du propriétaire, M. Abele.

154ª Tête de l'Ange St-Nicaise, dit "Le Sourire de Reims".

Epreuve en plâtre d'après un moulage fait sur la pierre avant la guerre.

Appartient à M. P. Antony Thouret.

154ᵇ Un cadre de documents photographiques se rapportant aux états successifs de l'Ange de St-Nicaise.

Photographies exécutées par M. P. Antony Thouret.

REUVES

Reuves, sur les marais de Saint-Gond, fut criblé d'obus pendant la bataille de la Marne. C'était la clef des falaises de Mondement.

L'église a été presque anéantie. La nef remontait à l'époque romane ; l'abside et les transepts étaient des XVe et XVIe siècles.

Les objets exposés sont les seuls qui subsistent.

155. Petit autel. Bois sculpté (XVIIe siècle).

Eglise.

156. Autel avec son tabernacle.

Eglise.

157. Christ en croix. Bois peint (fin du XVIIe siècle).

Eglise.

158. Portrait d'un Evêque (XVIIIe siècle).

Eglise.

SAINT-PRIX

Appuyée à des pentes boisées, sur les bords du Petit Morin, dans un paysage pittoresque, au sud des marais de Saint-Gond, la petite église fut gravement atteinte, pendant la bataille de la Marne, notamment le 8 septembre, où la garde impériale subit, dans le ravin de Saint-Prix, un assaut qui lui causa de lourdes pertes.

159. Saint-Antoine, bois sculpté (fin du XVe siècle).

Chapelle.

SOMMESOUS

160. Socle. Bois peint et doré.

Eglise.

161. Lampe en bronze doré.

Eglise.

SOUAIN

Le village de Souain, à 6 kilomètres de Suippes, n'est plus qu'un amas de ruines. Occupé par les Allemands le 2 Septembre 1914, il fut, le 15, le théâtre d'une lutte violente, à la suite de laquelle il fut repris. Puis, dominé, avant la bataille de Champagne, par les collines du Moulin de Souain, de la ferme de Navarin, du Bois-Sabot, il fut constamment bombardé.

Dans ce que fut l'église, parmi les fragments de dalles, les herbes ont poussé.

162. « Notre-Dame de Pitié », groupe en pierre peinte. Ecole champenoise, première moitié du XVIe siècle. (Classé comme monument historique).

Eglise.

La poitrine du Christ a été détériorée par un éclat d'obus ; son bras droit qui pendait a été détruit. La tête de la Vierge, qui était recouverte d'un capuchon, est demeurée introuvable dans les décombres de l'Eglise.

SUIPPES

Suippes fut envahi le 2 Septembre 1914 et repris le 12. En se repliant, les Allemands mirent le feu aux maisons principales. Depuis, la petite ville, exposée à de fréquents bombardements, a été presque entièrement détruite. Le 14 Octobre 1914, un obus crevait la voûte de l'église.

163. « Christ de Pitié ». Bois naturel (XVIe siècle).

Eglise.

VIENNE-LA-VILLE

Vienne-la-Ville était un village prospère de l'Argonne, au confluent de l'Aisne et de la Blesme. Il était formé d'une longue rue dont toutes les maisons ont été anéanties par un implacable bombardement.

De l'église, qui le dominait, il ne subsiste que quelques pans de murs. C'est une incroyable dévastation. La dalle funéraire, brisée, est le seul objet qu'on ait pu y trouver.

Un panneau de bois sculpté « Jésus et la Samaritaine », avait été transporté à la sous-préfecture de Sainte-Menehould.

164. Jésus et la Samaritaine. Panneau de bois sculpté (XVIIe siècle).

Eglise.

165. Dalle funéraire d'un curé de la paroisse (XVIIIe siècle).

Eglise.

VIENNE-LE-CHATEAU

Vienne-le-Château a subi le même sort que Vienne-la-Ville. L'église, du XVe siècle, avait une flèche qui n'est plus qu'une mince silhouette étrangement découpée. Le bourg a été entièrement ravagé.

166. Christ. Bois sculpté (XVIIe siècle).

Eglise.

AUZÉVILLE (*près Clermont-en-Argonne*)

167. Fragments d'un porte-missel tordu dans l'incendie. Bronze doré (XIXe siècle).

Eglise.

168. Deux missels, tachés de sang.

Eglise.

169. Portes de tabernacle (XVe siècle).

Eglise.

170. Cloche, percée d'un éclat d'obus.

Eglise.

BONZÉE

171. Déposition de croix, dite « Bon Dieu de Pitié », groupe en pierre peinte (vers 1600). (C'est le seul souvenir qui subsiste du village).

Eglise.

CLERMONT-EN-ARGONNE

Sauf pour une partie de la ville haute, Clermont-en-Argonne fut incendié par les Allemands maison par maison. L'hypocrisie se joignit d'abord à la cruauté allemande. Quand les incendies commencèrent à s'allumer, le général qui les avait ordonnés affecta de les attribuer à un accident, au renversement d'une lampe à essence. Soucieux d'un souvenir historique, l'ennemi n'épargna que le logis où avait demeuré Bismarck en 1870.

Depuis, les restes de la ville, dont les ruines présentent un aspect saisissant, ont été bombardés pendant les opérations contre Verdun, et l'hôpital, qui avait été préservé en Septembre 1914 par la Sœur Gabrie' a été atteint.

L'église, du XVe siècle, avec portails de la Renaissance, dominait la pittoresque cité ; elle se trouvait à mi-chemin du sommet du promontoire qui est le point le plus élevé de l'Argonne et vers lequel s'élève la chapelle Sainte-Anne.

172. Battant de la cloche de l'Eglise.

173. Six vases de fleurs. Bois sculpté (XVIIIe siècle).

Chapelle Sainte-Anne.

DIEPPE, *(près Verdun)*

Dieppe a été totalement détruit pendant les opérations contre Verdun.

174. Christ en bois peint, mutilé par un obus.

Eglise.

FRESNES-EN-WŒVRE

175. Commode en bois moucheté. Epoque Louis XVI.

Château d'Hannoncelles. Appartient à M. le Baron de Courcelles.

Le château d'Hannoncelles, à cinq kilomètres des Éparges, occupé par les Allemands en septembre 1914, perdu par eux en 1915 et repris en 1916, est une construction datant du XIVe siècle et restaurée au XVIe siècle. Le château a subi plusieurs sièges, dont un par les Suédois de Mansfeld.

176. Bureau, même époque et même marqueterie.

Château d'Hannoncelles.

177. Table coiffeuse en marqueterie. Epoque Louis XV.

Château d'Hannoncelles.

178. Paire de consoles. Bois sculpté et doré. Epoque Louis XVI.

Château d'Hannoncelles.

179. Vierge et enfant Jésus. Pierre (XIVe siècle).

Chapelle du château d'Aulnois. Appartient à M. le comte de Labry.

Le château a été détruit en septembre 1915 par des obus incendiaires.

GENICOURT

180. Le Christ.
181. La Vierge.
182. Saint-Jean.
Statues de l'école de Ligier-Richier. Bois (XVIe siècle).

Eglise.

183. La Madeleine, portant des parfums. Statue de pierre peinte et dorée (vers 1500).

Eglise.

HAN-SUR-MEUSE

Ce village, actuellement encore à proximité des lignes ennemies, a subi dès le mois de Septembre 1914, des bombardements qui l'ont détruit en totalité.

184. Cheminée en pierre sculptée, par Ligier-Richier (1506-1567).

Cette cheminée peut être attribuée avec presque certitude à Ligier Richier. Elle provient de la maison que le maître habitait à Saint-Mihiel, sa ville natale, rue Haute des Fossés. Le sculpteur y avait décoré la grande salle qui lui servait d'atelier.

Les Bénédictins de Saint-Mihiel, devenus possesseurs de l'immeuble, firent transporter la célèbre cheminée à Han, dans l'ancienne maison curiale de leur ordre et qui est devenue depuis le presbytère de cette paroisse. Le presbytère a été complètement détruit par le bombardement ; seuls, les quelques fragments exposés de la cheminée ont pu être sauvés. Les côtés de la cheminée sont d'une époque très postérieure à celle du bandeau de pierre).

HENNEMONT

185. Fragments d'un autel. Bois sculpté (XVIIe siècle).

Eglise.

186. Sonnette de bronze.

Eglise.

KŒUR-LA-PETITE

187. Saint-François d'Assise, peinture (XVIIe siècle).

Provient de l'église en partie détruite.

LOUPPY-LE-CHATEAU

188. Vierge et Enfant Jésus, œuvre archaïsante du XVIe siècle. Statue de pierre, placée sur le mur extérieur de l'Eglise.

189. Saint-Maclou, pierre polychrome (Fin du XVe siècle).

Eglise.

190. Fragment du cadran en pierre de l'horloge de l'Eglise.

REVIGNY

Le 6 Septembre 1914, l'ennemi, de la côte de Broil, commençait le feu contre Revigny. Ce fut le centre de la ville qui reçut les premiers obus incendiaires et le tiers des maisons fut détruit en quelques heures.

Les Allemands faisaient leur entrée dans Revigny à deux heures de l'après-midi. Ils pillaient les maisons qui subsistaient et les incendiaient.

Le 8, les flammes gagnèrent le clocher de l'église, datant des XVe et XVIe siècles, avec des détails de la Renaissance. Le clocher s'écroula, la charpente d'une partie de l'édifice n'étant plus qu'un brasier. Les orgues furent réduites en cendres.

Le 12, les Allemands devaient se replier en toute hâte vers les forêts de l'Argonne.

Revigny a, depuis, été bombardé plusieurs fois. Il ne reste de maisons épargnées que dans le quartier de la gare.

191. Grand Crucifix, brûlé dans l'incendie du 8 Septembre 1914. Bois.

Eglise.

SAINT-MIHIEL

192. Fragments de la maquette originale en terre cuite, par Ligier-Richier (XVIe siècle).

Cette maquette fut exécutée par l'artiste lorrain en vue du Sépulcre qui se trouvait placé dans l'église Saint-Etienne de Saint-Mihiel.

Menacée pendant la Révolution, elle fut sauvée par un menuisier dans la famille duquel elle se conserva longtemps.

Les deux fragments exposés, oubliés pendant nombre d'années dans le tiroir d'une commode reléguée dans un grenier, sont les seuls qui subsistent de cet ensemble peu à peu dispersé et détruit au cours du XIXe siècle.

Les Allemands ont emporté le Sépulcre de Saint-Mihiel, chef-d'œuvre de la sculpture française, et l'ont exposé à Metz.

(*Collection particulière*).

SOUILLY

193. Croix d'autel. Argent doré et filigrané (XIIIe siècle).

Eglise.

Le piédouche, en vermeil, est d'une époque postérieure.

TROYON

194. La Vierge et l'Enfant. Statue de pierre (XIVe siècle).

Chapelle Sainte-Anne.

VAUQUOIS

Vauquois, village meusien dominant la vallée de l'Aire, point stratégique important, fut emporté par nos troupes dans une lutte acharnée qui dura six jours, du 28 février au 6 mars 1915.

Il ne reste plus dans le village de traces des maisons ; la colline elle-même s'est affaissée sous le martellement des obus.

195. Fragment d'un grand bénitier en marbre.

196. Battant de la cloche.

Décombres de l'Eglise.

VERDUN

Les souffrances de Verdun, soumis, depuis le mois de février 1916, à d'implacables bombardements demeureront inoubliables, autant que les prodiges d'héroïsme des soldats qui ont brisé le formidable effort des Allemands pour la conquête de la cité meusienne.

Depuis le moment où le premier obus tomba sur la maison Raulin, en face de la cathédrale, le désastre s'est étendu partout. Les rues ne sont plus que des amas de ruines.

On pourrait voir un symbole de cette résistance, qui a défié les plus furieux assauts de la place, dans la découverte des anciennes murailles sur lesquelles étaient appuyées les maisons qui se sont écroulées. Elles sont apparues, robustes encore, derrière les constructions qui les cachaient, disant, à travers les vicissitudes de l'histoire, la pérennité de Verdun. C'est fièrement que Verdun, dans son martyre, porte ses plaies.

La ville comptait nombre de vieilles maisons, désormais abolies, hélas, qui évoquaient son histoire militaire et civile. De plusieurs édifices intéressants, il n'y a plus que des vestiges.

Telles rues, comme la rue Mazel, l'artère commerçante, la rue Chevert, la rue Saint-Paul, la rue Saint-Pierre, la rue Mauroté, tant d'autres encore, ne présentent plus que des alignements de pierres noircies.

Aucun monument n'a été épargné. La cathédrale, remaniée au XVIIIe siècle, a été plusieurs fois frappée. Une de ses tours a été mutilée ; d'énormes projectiles ont bouleversé l'abside. L'ancien évêché, avec sa noble cour d'honneur, devenu le Musée, la sous-préfecture et le Palais de justice, qui occupent les restes de l'abbaye Saint-Paul, l'Hôtel-de-Ville, le cloître, faisant partie du collège Margueritte et qui, datant du XVe siècle, était si remarquable par son état de conservation, ont été atteints. Le mur de scène du théâtre s'est effondré, et laisse voir le décor le plus véritablement tragique.

Ce qui a été reconstitué, pour être exposé ici, c'est un peu de l'âme de Verdun.

Les boiseries du chœur de la cathédrale, les canons qui étaient dans la cour de l'Hôtel de Ville et qui avaient été donnés à Verdun en récompense de la belle attitude de ses habitants pendant la guerre de 1870, la statue de la Belle Vierge, celle de Sainte Fine, et jusqu'à ce grand coq de bois, criblé d'éclats d'obus, qui se trouvait devant l'annexe de l'hôtel du Coq-Hardy, que de souvenirs devenus particulièrement précieux !

On ne saurait oublier l'œuvre de salut courageusement tentée par M. Grillon, Sous-Préfet de Verdun. C'est par son initiative et par ses soins que tout ce qui pouvait être sauvé, dans des conditions difficiles, a été transporté à l'arrière. A cette œuvre de sauvetage, se sont associés MM. Willemin, administrateur des hospices, Monier, lieutenant à l'Etat-Major, les sapeurs-pompiers de Verdun et les territoriaux de la Défense.

197. Boiseries du chœur de la Cathédrale.

Ces stalles et boiseries, exécutées en 1760 par Lacour, artiste de Toul, décoraient le pourtour de l'abside. On retrouve dans cet admirable ensemble décoratif, toutes les grâces un peu profanes du style rocaille, en faveur au milieu du XVIIIe siècle, mêlées à des motifs symboliques comme le Pélican, le Cep de Vigne, la Gerbe de blé qui rappellent la destination religieuse de l'ouvrage. La chaise épiscopale, plusieurs fois remaniée, porte encore les armoiries de Mgr Desnos (1770-1791). Ce chef-d'œuvre de la sculpture sur bois a été classé comme monument historique en 1905. La cathédrale a été atteinte dès les premiers jours du bombardement ; une partie des voûtes s'est écroulée.

Le chœur de la cathédrale de Verdun a été reconstitué avec la collaboration de M. F. Wandenberg, décorateur.

198. Deux panneaux, fragments de la boiserie du transept droit, détruite par les obus et la chute de la voûte. (XVIIIe siècle,).

Cathédrale.

199. Lutrin en cuivre (XVIIIe siècle), placé à l'intérieur du chœur de la cathédrale et détérioré par un obus.

200. Partie supérieure du monument de l'archidiacre de Wassebourg. Pierre (XVIe siècle).

Ce monument se trouvait dans le transept droit de la Cathédrale. Il a été écrasé lors des bombardements et de l'effondrement d'une partie de la toiture.

201. Calice en vermeil (XVIIIe siècle).

Cathédrale.

202. Châsse de Saint-Saintin, premier Evêque de Verdun. Œuvre du prieur Martin (début du XIXe siècle).

Elle représente, dit-on, l'ancienne Eglise des Prémontrés de Saint-Paul.

Cathédrale.

203. Fragment d'un vitrail, daté 1633.

Chapelle de l'Assomption dans la Cathédrale.

204. Vitrail de la chapelle d'Anglemont, brisé par les éclats d'obus.

Le morceau exposé, reconstitué par M. André Lion, présente une vue du Vieux Verdun, d'après un plan ancien.

Cathédrale.

205. Sainte-Fine. Pierre polychrome. (XVIe siècle).

Cette statue a été rapportée dans l'Eglise Saint-Sauveur à une époque qui demeure indéterminée Elle était sans doute primitivement dans la chapelle qui devait s'élever au lieu dit « Sainte Fine », à 6 kilomètres au nord de Verdun, point précis de la plus grande avance des Allemands dans leur attaque de 1916. Voici les communiqués officiels où le nom de Sainte-Fine a été prononcé :

Communiqué du 13 *Juillet. — . . . Sur la rive droite les Allemands ont prononcé ce matin un puissant effort dans la direction du fort de Souville. Vers 10 heures, après une intense préparation d'artillerie, une forte attaque à l'effectif de 6 régiments a débouché du village de Fleury et du bois de Vaux-Chapitre. Malgré la violence des assauts, lancés en masse, sur un front relativement étroit, l'ennemi n'a réussi, au prix de pertes énormes, qu'à gagner un peu de terrain aux abords de la Chapelle Sainte-Fine, à l'intersection des chemins de Fleury et de Vaux. . . .*

Communiqué du 19 *Juillet. —. . . Sur la rive droite, la nuit a été marquée par des combats à la grenade aux abords de la Chapelle Sainte-Fine et à l'ouest de Fleury. . .*

Communiqué du 20 *Juillet. — . . . Sur la rive droite, nous avons marqué quelques progrès aux abords de la Chapelle Sainte-Fine*

Communiqué du 24 *Juillet. — . . . Combats à coups de grenades aux abords de la Chapelle Sainte-Fine.*

Communiqué du 25 *Juillet. — . . Au cours d'une petite action de détail aux abords de la Chapelle Sainte-Fine, nous avons capturé une trentaine de prisonniers.*

Communiqué du 27 *Juillet. — . . . Nous avons pris sous notre feu et dispersé des détachements ennemis au nord de la Chapelle Sainte-Fine. . .*

Communiqué du 30 *Juillet. —. . . Nos troupes, poursuivant leurs opérations de détail, ont enlevé quelques éléments de tranchées au nord de la Chapelle Sainte-Fine et dans la région de l'ouvrage de Thiaumont.*

206. Triomphe de Saint-Saintin, premier évêque de Verdun.

Cette toile a été percée par des éclats d'obus.

Cathédrale.

207. Notre-Dame de Pitié. Groupe en pierre portant des traces de peinture, trouvé dans les décombres de la Cathédrale (xve siècle).

208. Vierge et Enfant Jésus, dite « La Belle Vierge ». Pierre (xvie siècle).

Cette statue, se trouvait au-dessus de la porte d'entrée de la « Princerie », ancien palais du gouverneur assesseur de l'Evêque de Verdun. La Princerie possédait un beau cloître détruit pendant ce bombardement. La Belle Vierge a été brisée en trois morceaux par l'éclat d'un obus.

La maison de la Princerie appartient à Mme Fosse.

209. Vierge et Enfant Jésus. Bois sculpté (xviiie siècle).

Cette statue était placée dans une niche sur la façade de la maison du sacristain de l'Eglise Saint-Sauveur, rue du Pont-des-Minimes.

210. Vierge de la rue du Saint-Esprit, au coin de l'Hôtel du Petit-Saint-Martin. Statue en pierre, mutilée par un éclat d'obus (xviie siècle).

211. Vierge de la rue du Saint-Esprit, au coin de la rue Mazel. Statue en pierre, jetée à terre par le bombardement et trouvée dans les ruines par les sapeurs-pompiers de Verdun (xviie siècle).

212. Enseigne de l'Annexe de l'ancienne et célèbre Hôtellerie du Coq-Hardy (bois sculpté). Reproduit sur notre couverture.

Appartient à M. Albert Willemin, volontaire de 1870, *officier des gardes urbains* 1914-1915.

213. Panneaux de boiseries provenant de la salle à manger et du petit salon de l'Hôtel de la sous-préfecture, ancienne demeure de l'abbé de Saint-Paul (xviiie siècle).

214. Deux grands vases de pharmacie en faïence décorée aux armes de Mgr Desnos, évêque de Verdun (1770-1791) (XVIIIe siècle).

Hospices de Verdun.

215. Deux autres vases de pharmacie aux mêmes armes que les précédents.

Hospices de Verdun.

216. Mortier en bronze, daté de 1507.

Hospices de Verdun.

217. Volume relié en basane et contenant encore le fragment d'obus qui l'a traversé (XVIIIe siècle).

Bibliothèque St-Joseph.

218. Médaillon en cire de Mgr Desnos, évêque de Verdun (1770-1791).

Retiré des décombres du Musée.

219. Matrices des « billets de confiance », de 1870 (papier-monnaie verdunois).

Elles ont été retirées des décombres des Archives de Verdun pendant le bombardement de février 1916.

220. Fragment de la lanterne de l'Hôtellerie des Trois Maures, fondée en 1599 et complètement anéantie par un obus de 380 le 22 juin 1916.

Appartient à M. Gaubert.

221. Décorations remises à la Ville de Verdun le 13 Septembre 1916, par M. Raymond Poincaré, Président de la République.

Croix de Saint-Georges (Russie) ; Military Cross (Angleterre) ; Légion d'honneur et Croix de Guerre (France) ; Valeur militaire (Italie) ; Bravoure militaire (Serbie) ; Croix de Léopold (Belgique) ; Médaille d'or Obilitch (Montenegro).

222. Colonne et poutre sculptées (XVe siècle).

Ces pièces proviennent de l'ancienne abbaye de Saint-Vanne (sommet de la citadelle de Verdun) démolie en 1832 et dont il reste encore une tour.

223. Quatre canons offerts par la France à la Ville de Verdun et placés dans la cour de l'Hôtel-de-Ville.

A la date du 23 Novembre 1873, sur la proposition de M. le Général du Barrail, Ministre de la Guerre, le Gouvernement de la République a fait don à la ville de Verdun de quatre pièces de canon, en souvenir de la belle conduite de ses habitants pendant le siège de 1870.

Le Ministre informant le Préfet de cette décision, terminait ainsi sa lettre :

« Je suis heureux de cette occasion qui m'est offerte pour « remercier les habitants de Verdun du concours patriotique « qu'ils ont prêté à l'Armée dans la défense de cette place.

« Si leur dévouement et leur courage n'ont pu empêcher « l'ennemi d'y entrer, ils l'ont du moins forcé à reconnaître « qu'il avait eu, devant lui des adversaires dignes d'estime, et « que les enfants de la France méritaient le respect, même « dans les défaites que le sort leur infligeait.

« *Le Ministre de la Guerre.*
« *Signé :* Général DU BARRAIL.
« Versailles, 6 Décembre 1873 ».

Chaque canon porte son nom, le lieu et la date de sa fabrication :

1. *La Marie* (Douai, 1838) ;
2. *Le Barbu* (Strasbourg, 2 Août 1848) ;
3. *Le Berceau* (Strasbourg, 30 Novembre 1848).
4. *La Livie* (Douai, 30 Mars 1849).

224. Portrait de François de Chevert, né à Verdun, le 2 Février 1695, mort à Paris en 1769.

Le testament de Chevert portait ces lignes : « Je donne et « lègue à la ville de Verdun-sur-Meuse mon portrait en pied, « peint à Rethel, en l'année 1762, par Hiscbein, à l'effet d'être « d'être placé dans l'Hôtel de Ville, comme le Corps de Ville « l'a paru désirer... Lequel tableau avec la bordure. Paris, le « 8 Mars 1768. CHEVERT. »

224ª Maquette de la statue de Chevert par Lemaire (Ph. Joseph Henri).

Le monument de Chevert, inauguré le 1er mai 1837, s'élevait sur l'ancienne place Sainte-Croix.

Collections de la Bibliothèque Municipale.

225. Collection d'anciennes boîtes de dragées de Verdun (XIXe siècle).

Appartient à M. Braquier, de Verdun.

226. Impression verdunoise de 1560. « Pour l'entière maio-» rité du roy très chrestien. A Verdun. »

Ouvrage du premier imprimeur et de la première année de l'imprimerie de Verdun.

227. Breviarium Virdunense. Imprimé à Venise, en 1486, pour Guillaume de Haraucourt, évêque de Verdun (1456-1500), dont les armes sont peintes à la première page.

228. Missale Verdunense, manuscrit. Majuscules en or sur fond de couleur. Miniature représentant l'évêque Goberti agenouillé, et ses armoiries (XVIe siècle).

229. Pontificale. Manuscrit. Majuscules en or sur fond de couleur. (XVIe siècle).

230. Pontificale. Manuscrit. Majuscule en or, sur fond de couleur. Arabesques, culs de lampe et miniatures. Armoiries de Nicolas Psaulme, évêque de Verdun (1548-1575), (XVIe siècle).

231. Pontificale. Grandes majuscules en couleur, sur pied d'or estampé. Ornementation florale. Armoiries de Guillaume Honstein, évêque de Strasbourg. M. D. XIV.

232. Meditationes santi Anselmi. Manuscrit avec miniatures, initiales et grotesques, en gouache et or. (XIIe siècle).

233. Chronologie des Rois de France jusqu'à Charles VII. — Généalogies dans des médaillons tracés en rouge. (Manuscrit du XVe siècle.)

234. L'Image du Monde, par Gautier de Metz, avec figures astronomiques. (Manuscrit du XIIIe siècle).

235. Le Livre des Evangiles ou Livre d'Or, sur lequel les évêques, à leur première entrée à Verdun, devaient prêter serment à la commune (XVIe siècle).

VRAINCOURT *(près Clermont-en-Argonne)*

236. Vierge et Enfant Jésus. Pierre (xve siècle).

Eglise.

237. Cloche.

Eglise.

238. Deux Missels percés d'obus.

Eglise.

DÉPARTEMENT DE MEURTHE-ET-MOSELLE

CHAMPENOUX

239. Taque, datée 1692, aux armes de Clermont-Tonnerre et Luxembourg, recueillie dans les décombres d'une maison incendiée.

GERBEVILLER

Ce nom restera à la malheureuse ville : Gerbeviller-la-Martyre.

C'est le 23 Août que les premières bombes éclatèrent sur les toits de Gerbeviller. Quand les Allemands y entrèrent, ils brûlèrent méthodiquement les rues, maison par maison. Quarante habitants furent fusillés, dont une jeune fille et un enfant de quatorze ans.

Du château, appartenant à la famille de Lambertye, où de précieuses œuvres d'art étaient accumulées, il ne reste que les murs noircis. L'église ne montre plus que le squelette de l'édifice.

De Gerbeviller, il ne subsiste plus qu'une rue, où l'alignement des maisons est interrompu par des ruines.

Il faut retenir le nom du chef qui commanda à Gerbeviller les incendies et les assassinats : il s'appelait le général Claus.

240. Ciboire en vermeil.

Le ciboire exposé est moderne ; il porte les traces de la sauvagerie allemande. Les soldats, pour forcer le tabernacle où il se trouvait, l'encadrèrent de dix-huit balles, tirées à bout portant.

Eglise.

241. Vierge et Enfant Jésus. Bois (XVIIe siècle).

Chapelle du Château.

242. Tabernacle. Bois sculpté doré (XVIIe siècle).

Chapelle du Château.

243. Bustes de saintes sur des consoles en bois doré (XVIIe siècle).

Chapelle du Château.

244. Tête d'une statue de Sainte-Anne. Pierre (XVIIIe siècle).

Chapelle du Château.

245. Pendule. Bois sculpté (XVIIIe siècle).

Sacristie de la Chapelle du Château.

246. Saint-Jean-Baptiste, par Paul Dubois, bronze ayant subi la patine du feu.

Chapelle du Château.

247. Tête et divers fragments de la statue originale de Saint-Tarcisius, par Alexandre Falguière. Marbre.

Chapelle du Château.

HERBEVILLER

248. Deux portes de confessionnal. (Epoque Louis XV).

Eglise.

249. Panneaux de la chaire et fragments de l'abat-voix. (Epoque Louis XV).

Eglise.

LUNÉVILLE

C'est le 28 Août 1914 que le général Gœringer, qui commandait les troupes allemandes entrées à Lunéville, faisait afficher la proclamation qui débutait par ces mots : « Les armées françaises sont battues sur toute la ligne. Le corps allié des Anglais est dispersé... »

Tout le quartier de la place des Carmes était incendié. La synagogue, la sous-préfecture, des usines étaient la proie des flammes; vingt-neuf habitants étaient les victimes des Allemands. Une contribution de 650.000 francs était imposée à la ville.

Depuis la retraite des envahisseurs, Lunéville a été plusieurs fois l'objet de violents bombardements. Le château, édifié en 1702, a été atteint dans une de ses ailes.

250. Ensemble d'affiches relatives à l'occupation allemande à Lunéville et de photographies représentant l'état de la ville après le départ des Allemands.

Hôtel de Ville.

NANCY

Nancy, où l'empereur Guillaume avait rêvé une entrée triomphale à la tête de ses cuirassiers blancs; Nancy, préservé par la défense épique du Grand Couronné, devant le plateau d'Amance et dans la forêt de Champenoux; Nancy, où M. Mirman, acceptant la préfecture de Meurthe-et-Moselle dans des circonstances critiques, apportait la confiance par sa vaillante attitude; Nancy, inaccessible à l'ennemi, devait être l'objet de toutes les fureurs allemandes. Zeppelins, avions, bombardements par pièces à longue portée, tout à été mis en œuvre contre la ville qui n'avait pas été envahie. On sait que l'un de ses jours les plus tragiques fut le 1er janvier 1916.

Le trésor de la cathédrale de Nancy est un des plus précieux de France.

251. *Trésor de la Cathédrale.*

a) Calice et patène de Saint-Gauzelin. Or (xe siècle).

b) Evangéliaire de Saint-Gauzelin. Or et argent enrichi d'émaux et de pierreries (xe siècle).

c) Anneau de Saint-Gauzelin. Argent (xe siècle).

d) Peigne liturgique de Saint-Gauzelin. Ivoire (xe siècle).

e) Feuillet du dyptique de Saint-Gauzelin. Ivoire (xe siècle).

f) Croix. Cuivre émaillé (xiiie siècle).

g) Deux burettes et un plateau. Argent doré (xviiie siècle).

251a Diverses bannières de Sociétés musicales des départements de la Meurthe et de la Moselle, avant 1870.

Envoi de la Municipalité.

251b Statuette équestre de René II, Duc de Lorraine, vainqueur de la bataille de Nancy, par Mathias Schiff, élevée sur la place St-Epure. (Bronze).

Envoi de la Municipalite.

251c Pompe funèbre de Charles III, duc de Lorraine (gravure).

Envoi de la Municipalité.

251d La Fontaine de Neptune, sur la place Stanislas.
Gravure extraite de l'Album de Jean Lamour.

Envoi de la Municipalité.

251e Photographies des principaux monuments de Nancy.

Envoi de la Municipalité.

251f Trois volumes « Histoire de Nancy » par le professeur Pfister.

Envoi de la Municipalité.

251g « Exposition de Nancy, 1909 » par Louis Laffitte.

Envoi de la Municipalité.

NOMÉNY

On sait le nom du bourreau de Noményy, le colonel Hannapel, commandant le 8e régiment bavarois. C'est lui, sur l'habituel prétexte que la population civile avait tiré sur ses troupes, qui donna l'ordre d'incendier ce qui subsistait du village après le bombardement du 20 août 1914.

Les Bavarois tiraient sur les malheureux habitants qui cherchaient à échapper des flammes. Parmi les soixante-dix victimes, il faut rappeler l'assassinat de ce nonagénaire dont les soldats exposèrent le cadavre à une fenêtre avant de brûler son logis.

252. Statue d'un Evêque. Pierre polychrome (commencement du XVIe siècle).

253. Saint-Hubert. Statue en pierre peinte. Le personnage paraît avoir fait partie d'un retable relatif à la légende de Saint-Hubert. (vers 1500).

Eglise.

254. Saint-Jean-Baptiste. Statue en bois peint (fin du XVIe siècle).

Eglise.

255. Saint-Etienne. Bois peint (fin du XVIe siècle).

Eglise.

256. La Vierge. Pierre (première moitié du XVIe siècle).

Provient d'une maison particulière appartenant à Mme Hennequin.

257. Vierge. Statuette en pierre ; (la tête en bois est rapportée), (XVIe siècle).

Eglise.

PONT-A-MOUSSON

Les Allemands occupèrent Pont-à-Mousson le 5 Septembre. Ils devaient battre en retraite le 9. A la fin du mois, ils tentaient vainement un grand effort pour reprendre la ville.

Mais Pont-à-Mousson devait rester exposé à d'incessants bombardements, et c'est une des villes qui ont le plus durement souffert, supportant ses maux avec une ferme constance.

La ville comptait de vieilles maisons qui lui donnaient son caractère. Leur perte est irréparable.

258. Débris de pierres sculptées provenant d'un balcon de la maison sise 9, rue Saint-Laurent (commencement du XVIIe siècle).

La maison fut commencée par Nicolas Didier à la fin du XVIe siècle. Le grand balcon ornait la cour de la maison et servait à réunir les deux corps de logis. Il était supporté par de riches consoles avec mascarons et armes du propriétaire. La maison, ainsi que le balcon, n'est plus qu'une ruine.

En 1871, l'empereur d'Allemagne, de passage à Pont-à-Mousson, avait témoigné le désir d'acheter le balcon; le marché ne fut pas conclu.

259. Deux battants de porte sculptés (fin du XVIe siècle).

Proviennent d'une maison de la ville.

260. Panneau de porte en bois sculpté. (Epoque Louis XV).

Provient de la maison Thirion, 35, rue St-Laurent.

Les portes exposées ont été recueillies par les soins de M. Bernardin, juge de paix de Pont-à-Mousson.

VITRIMONT

261. Descente de croix, groupe bois polychrome (XVIe siècle), sur un socle doré du XVIIe siècle.

Eglise.

DÉPARTEMENT DES VOSGES

SAINT-DIÉ

Les premiers obus allemands atteignirent Saint-Dié le 20 Août 1914. Le 27, après un bombardement qui anéantit tout un quartier de la ville, l'ennemi y pénétrait pour battre en retraite dans la nuit du 10 au 11 Septembre. Les troupes allemandes étaient sous le commandement du général von Knœrtzer, responsable des pillages commis pendant l'occupation.

Depuis, Saint-Dié a été maintes fois bombardé sans que rien ait pu arrêter l'activité dans le travail de la vaillante ville.

262. Vierge. Peinture du XVIIe siècle.

Appartient à la Société Philomatique de St-Dié. (Collection Meyer-Grébus).

263. Portrait d'homme, miniature par Jacques Augustin (Saint-Dié, 1759-1832),

Appartient à la Société Philomatique.

264. Portrait de Mme Roland, par Jacques Augustin. Dessin au crayon.

Appartient à la Société Philomatique.

265. Petit mascaron. Fer forgé (XIIe siècle).

Appartient à la Société Philomatique.

266. Poignée. Bronze. (Epoque Renaissance).

Appartient à la Société Philomatique.

267. Deux clous. (Epoque Renaissance).

Appartient à la Société Philomatique.

SAINT-MICHEL-SUR-MEURTHE

Dans les premiers jours de la guerre, l'armée de Lorraine avait occupé le col de Saales et c'était le Sous-Préfet de Saint-Dié qui ravitaillait la population de cette région de la Lorraine annexée. Saint-Michel-sur-Meurthe fut le théâtre de combats violents. Ce village est voisin de Nompatelize qui revit une lutte terrible à l'endroit même où s'élève le monument rappelant une action de 1870, qui ne fut pas sans gloire, contre les troupes badoises.

268. Vierge et Enfant Jésus. Statue en bois polychrome (XVe siècle).

Eglise St-Martin.

269. Saint-Antoine. Statue en bois polychrome (XVIe siècle).

Eglise.

270. Saint-Nicolas. Statue en bois polychrome (XVIIe siècle).

Eglise.

THANN

Thann fut pris le 7 Août 1914 dans la marche sur Mulhouse, évacué et repris le 15 Août.

C'est aujourd'hui le chef-lieu d'un des trois cercles de l'Alsace-Française.

La ville a été, de la part des Allemands, l'objet de furieux bombardements qui ont détruit surtout les quartiers avoisinant la ligne de chemin de fer, la gare, l'Hôtel-de-Ville qui fut construit par Kléber, médiocre architecte avant de devenir un illustre général.

L'église Saint-Thiébault, qui date originairement du XIIe siècle, et dont la tour et la flèche sont du XVIe, est une des plus intéressantes d'Alsace. Son portail principal est remarquable par la richesse de sa décoration sculpturale.

Elle n'a pas laissé que de souffrir du bombardement. Ses magnifiques vitraux ont été mis à l'abri.

L'enseigne exposée provient de la plus vieille hôtellerie de la ville, sur la pittoresque Place du Marché, qu'orne une ancienne fontaine, avec une statue de Saint-Thiébault.

Les dessins, qui reproduisent divers aspects de Thann et les statues de la cathédrale sont l'œuvre d'un artiste alsacien, M. Robert Kammerer.

271. Enseigne de l'Hôtel du Cerf « Zum Hirsch », sur la place Saint-Thiébault.

272. Quatre plaques de fonte, provenant d'auciens poêles. Époques Louis XIII & Louis XV.

273. *Vues de Thann*, par Robert Kammerer.

a) Statue de Saint-Thiébault, fin du XVIe siècle, placée à l'un des contreforts extérieurs du chœur de l'Eglise Saint-Thiébault (Quelques obus ont détérioré les plis du vêtement.

b) Statue de Saint-Antoine (fin du XVIe siècle), placée sur l'un des contreforts extérieurs du chœur. (Un éclat d'obus lui a enlevé une partie de la barbe).

c) Statue de Saint-Louis (fin du XVIe siècle), placée à l'un des contreforts extérieurs du chœur (un doigt a été arraché).

d) Le Prophète David (XVIe siècle), placé à l'un des contreforts extérieurs du chœur (quelques plis du vêtement brisés).

e) Statue de Saint-Jean (XVe siècle), placée à l'un des contreforts extérieurs du chœur.

f) Statue de la Madone (XVe siècle), placée au contrefort du côté sud, décapitée par un éclat d'obus.

g) La Madone de l'Eglise de Vieux-Thann, placée au contrefort du chœur (le bras de l'Enfant Jésus a été éraflé par un éclat; quelques plis ont été brisés).

h) Les anciens remparts de Thann (ruines causées par les bombardements et incendies de décembre 1914 et Janvier 1915).

i) Les anciens remparts de Thann (bombardements et incendies de Décembre 1914 et Janvier 1915).

j) Maison du XVIe siècle à Thann, dans le voisinage de l'Eglise, bombardée en Septembre 1914.

k) Vieux manoir du XVIe siècle, dans la partie haute de Thann, détruit en un quart d'heure lors du bombardement de Janvier 1915 par les obus de 210.

l) Vieille ruelle à Thann (XVe siècle), détruite par le bombardement de Janvier 1915.

n) Bureau de la Mairie de Thann, bombardé en Janvier 1915.

o) Ruelle du XVe siècle, à Thann (rue de l'Etang). Quartier détruit en Janvier-Février 1915.

p) La rue de l'Etang, à Thann.

q) Les anciens remparts de Thann, bombardés et incendiés en Janvier 1915.

r) La rue de l'Etang, à Thann. (Bombardée en Décembre 1914 et Janvier 1015, incendiée en fin de Janvier 1915).

s) Ruelle du XVe siècle, à Thann (rue de l'Etang). (Bombardée en Mai 1916).

PHOTOGRAPHIES DOCUMENTAIRES

FRANCE

Une Salle spéciale est consacrée aux photographies documentaires d'après les monuments bombardés par l'ennemi.

Section photographique de l'Armée.

ITALIE

Une série de photographies documentaires d'après les monuments bombardés par l'ennemi.

Communication de la Direction Générale des Antiquités et Beaux-Arts, au Ministère de l'Instruction, à Rome.

LISTE ALPHABÉTIQUE DES COMMUNES

-:- ACHEVÉ D'IMPRIMER -:-
LE 15 NOVEMBRE 1916
-:- A PARIS, CHEZ -:-
-:- DAN. NIESTLÉ -:-
36, RUE MATHURIN-RÉGNIER

www.ingramcontent.com/pod-product-compliance
Lightning Source LLC
LaVergne TN
LVHW010036230826
846091LV00005B/1728

* 9 7 8 2 0 1 3 6 7 8 4 6 9 *